I0643785

¡El pan!

Elizabeth Kernan

Traducción al español: María Cristina Brusca

LECTURAS DEL BARRIO

Rosen Classroom Books & Materials™
New York

Marco está haciendo pan.
—Necesito que me ayuden
—dijo Marco —.
El pan no me sale bien.

—Yo te ayudo —dijo Juan.
—Yo también —dijo Mamá—.
Vamos a limpiar la cocina. Luego, podemos hacer más pan.

Marco hizo más pan.
—Este pan es demasiado grande
—dijo Juan—.
No podemos comerlo.

Marco hizo más pan.
—Este pan no está cocido
—dijo Mamá.
—No podemos comerlo —dijo Juan.

Marco hizo pan de plátano.
—Aquí está el pan de plátano, mamá.
—dijo Marco.
—Se ve muy raro —dijo Mamá.

—Este pan de plátano no salió bien,
Marco —dijo Juan.
—Vamos a hacer más pan —dijo Marco.
—Yo te ayudo —dijo Juan.

Marco hizo pan de maíz.
—Aquí está el pan de maíz —dijo Marco.
—Este pan es demasiado pequeño
—dijo Mamá.

Marco hizo más pan.
—Mira este pan —dijo Marco.
—Este pan está chato —dijo Juan.
—Vamos a tener que hacer más pan
—dijo Marco.

Mamá ayudó a Juan y a Marco a hacer más pan.
Marco puso el pan en el horno.

Mamá sacó el pan del horno.
—Este pan esta demasiado blando
—dijo Mamá—.
No podemos comerlo.

Marco y Juan hicieron más pan.
—Este pan está muy oscuro —dijo Mamá.
—¡Oh, no! —dijo Juan.
—Se nos quemó el pan —dijo Marco.

Marco y Juan hicieron más pan.
—Mira este pan —dijo Marco.
—¡Está perfecto! —dijo Mamá.

—¿Podemos comerlo, Marco?
—dijo Juan.
—Sí —dijo Marco —.
Este pan se ve muy bien.

—Este pan es muy bueno
—dijo Mamá—.
Toma un poco de pan, Marco.
Toma un poco de pan, Juan.

—¡Mmm! —dijo Mamá.
—Tu pan es muy bueno —dijo Juan.
—¡Por fin hice un buen pan!
—dijo Marco.